Einladung zum Selberlesen

Liebe Eltern,

Sie haben Ihrem Kind Bücher vorgelesen? Sehr gut.
Sie werden dies auch weiterhin tun? Um so besser.
Aber wenn Ihr Kind einmal hinter das Geheimnis der
Buchstaben gekommen ist, will es auch selber lesen.
Es möchte erleben, wie beim Lesen eine spannende,
lustige oder traurige Geschichte in ihm entsteht. Das
ist gar nicht so einfach. Es dauert lange, bis ein Kind
gut und gern liest.

Was es am Anfang braucht?
Ein ganzes Buch, das zum Lesen verlockt.
Ein Buch, das es beim Lesen nicht überfordert.
Ein Buch
* mit kurzen Geschichten
* mit einer genügend großen Schrift
* mit kurzen, überschaubaren Zeilen
* in einer verständlichen Sprache
* mit Bildern, die helfen den Sinn zu erfassen.

Bücher, die diesen Anforderungen gerecht werden,
fördern das Abenteuer Lesen und machen Lust
aufs nächste Buch.

Prof. Dr. Manfred Wespel,
lesedidaktischer Berater des
KÄNGURU-Programms

Otti Pfeiffer

Kleine Zirkusgeschichten

Mit Bildern von Leopé

arsEdition

Die Deutsche Bibliothek – CIP-Einheitsaufnahme

Kleine Zirkusgeschichten / Otti Pfeiffer. Mit Bildern von Leopé. -
München: Ars-Ed., 1998
   (Känguru : Erste Geschichten zum Selberlesen)
   ISBN 3-7607-3769-2

Lesedidaktische Beratung: Prof. Dr. Manfred Wespel
Nach den Regeln der neuen Rechtschreibung

Gedruckt auf umweltfreundlichem Papier ohne Chlorbleiche

© 1998 by arsEdition, München
Alle Rechte vorbehalten
Ausstattung und Herstellung: arsEdition, München
Titelbild und Innenillustrationen: Leopé
Titelvignette: Carola Holland
Einbandgestaltung: Ralph Bittner
Druck und Bindung: Westermann Druck Zwickau GmbH
Printed in Germany
ISBN 3-7607-3769-2

Inhalt

Der Affe ist los!

Der Zirkus Trixi
ist klein.
Manchmal kommen
nur wenige Leute
in den Zirkus.
Dann bleibt die Kasse leer.

8

„Man müsste
eine tolle Reklame machen",
sagt der Zirkusdirektor
zu seinem Sohn Paul.

„Aber wie?",
fragt Paul.
Darauf weiß der Zirkusdirektor
keine Antwort.

Paul geht zu den Tieren.
Er füttert die Pferde,
die Ziegen, die Löwen
und Coco, den Affen.

Coco ist ein zahmer Affe.
Coco ist sehr frech.
Er bringt alle zum Lachen.

10

Nach dem Füttern
fegt Paul die Manege sauber.
Plötzlich hört er draußen
ein großes Geschrei.

„Der Affe ist los!",
kreischt jemand.
Paul bekommt
einen Schreck.
Hat er etwa die Käfigtür
offen gelassen?

Paul läuft nach draußen.
Überall sind Leute.
Autos halten an.

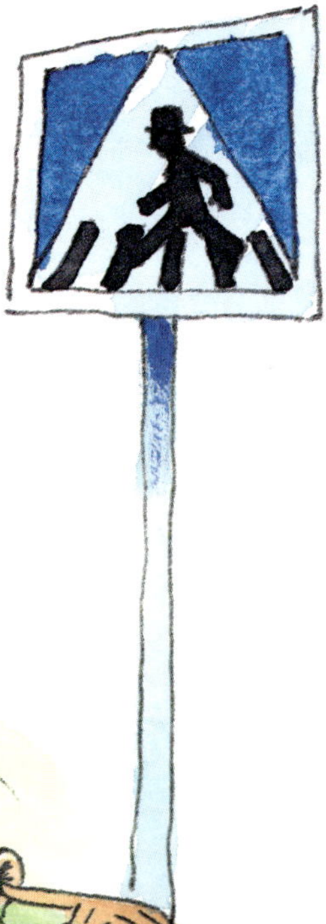

Mitten auf der Straße
steht Coco.
Er schnattert laut
und kratzt sich die Brust.

12

„Coco! Komm!", schreit Paul.
Aber Coco springt auf ein Auto.

Er reißt einem Mädchen
die Kappe vom Kopf.
„Pfui, Coco!", ruft Paul.

13

Da kommt der Zirkusdirektor.
Er hält ein Megafon
in der Hand.
Er brüllt durch das Megafon:
„Coco, hierher!"
Seine Stimme ist furchtbar laut.

Coco erschrickt.
Er springt in Pauls Arme.
Paul führt ihn zu seinem Käfig.

Am Abend ist der Zirkus
rappelvoll.
Alle wollen Coco sehen.
Der Zirkusdirektor
sagt zu Paul:
„Das war eine
richtig gute Reklame."

Esmeralda auf der Mondsichel

Die Musik spielt.
Ein Trommelwirbel ertönt.
Esmeralda und Jojo
betreten die Manege.

Esmeralda trägt einen Mantel,
auf dem tausend Sterne glitzern.
Jojo trägt einen Glitzeranzug.

In der Manege
hängt ein gelber Halbmond.
Esmeralda klettert auf den Mond.
Jojo winkt
und dann steigt der Mond
langsam nach oben.

Jetzt laufen Männer in die Manege.
Sie spannen ein Netz
unter dem Halbmond auf.

Der Mond steigt höher und höher,
bis unter das Zeltdach.
Esmeralda wirft
ihren Sternenmantel
durch die Luft.

Jojo fängt ihn auf
und blickt gebannt nach oben.

Esmeralda tanzt
auf dem Mond.

Dann hört die Musik auf.
Ein neuer Trommelwirbel.
Jetzt kommt

ein schwieriges Kunststück.
Jojo hält die Luft an.

Es ist ganz still.

Da springt Esmeralda in die Höhe.
Sie macht einen Salto
auf dem Halbmond!

Viele glitzernde Sterne
regnen hinunter in die Manege.

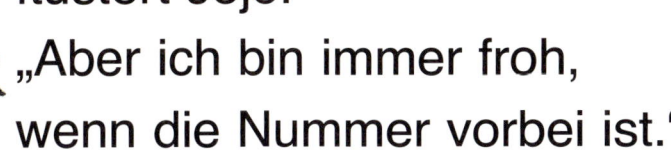

„Ah", seufzen die Zuschauer
und Esmeralda gondelt
auf dem Mond nach unten.
Die Leute jubeln und klatschen.

„Du bist wunderbar, Mama",
flüstert Jojo.
„Aber ich bin immer froh,
wenn die Nummer vorbei ist."

Das verschwundene Handy

Der große Zauberer Simsala
kann Sachen verschwinden lassen
und Sachen hervorzaubern.
Die kleine Zauberin Bim
lernt das noch.
Bim hilft dem großen Zauberer.
Aber sie darf auch selber zaubern.

„Simsalabim!", sagt Bim
und holt rote und grüne Eier
aus den Ohren der Kinder
in der ersten Reihe.

„Jetzt bin ich dran!",
sagt der große Zauberer Simsala.
„Verehrtes Publikum!
Wer leiht mir etwas,
das ich wegzaubern kann?
Keine Angst, jeder bekommt
seine Sachen zurück!"

Ein Mann gibt ihm
seine Armbanduhr.

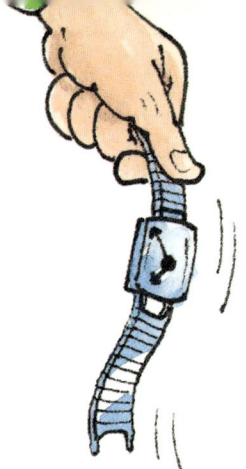

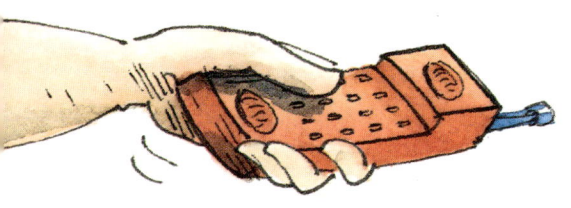

Eine Frau gibt ihren Hut her,
eine andere ihr Handy.

Der große Zauberer Simsala
wirft die Sachen hoch
und alle sehen,
wie sie sich in Luft auflösen.

Erst der Hut,
dann das Handy und
dann die Armbanduhr.

Plötzlich ruft die eine Frau:
„Mein Hut ist wieder da!"
Er sitzt auf ihrem Kopf.

„Und nun zu Ihnen, mein Herr",
sagt Simsala zu dem Mann.
„Fassen Sie in Ihre Jacke!"
Der Mann fasst
in seine Jackentasche
und holt die Armbanduhr heraus.
Alle Leute klatschen.

„Und wo ist mein Handy?",
fragt die andere Frau.
„Weggezaubert!", ruft Bim.
Bim hat heimlich
mitgezaubert.

„Gib das Handy raus!",
verlangt der große Zauberer.
„Du darfst nicht
dazwischenpfuschen!"

Plötzlich hört man
ein Piepsen.
„Das ist mein Handy!",
ruft die Frau.
Wo kommt das Piepsen her?

Bim hüpft herum und sagt:
„Unter meinem Hemd piepst es!"

Da schnappt sich
der große Zauberer
die kleine Zauberin.

Er holt das Handy
unter dem Hemd hervor
und hält es an sein Ohr.

„Hallo? ... Hallo!
Hier spricht der Zauberer Simsala.
Bitte entschuldigen Sie,
wir mussten dieses Handy
erst wieder herbeizaubern.
Jetzt kann ich Sie verbinden."

Der große Zauberer Simsala
gibt der Frau das Handy.
Sie lacht und bedankt sich.
Simsala und Bim bekommen
riesigen Beifall.

Wutzi, das Pausenschwein

Luise hat rote Backen
vor Begeisterung.
Sie findet den Zirkus toll.
Jetzt ist Pause.
„Komm, Mama,
wir sehen uns die Tiere an!"
„Genau", sagt Mama.

Luise und Mama drängeln sich
mit vielen anderen Zuschauern
vor den Zirkuswagen
und Käfigen.

Die Löwen dösen.
Der Affe kratzt sich.
Die große Schlange zischt.

Plötzlich ruft ein Junge:
„Wutzi! Wutzi! Komm hierher!"
Das ist Robert.
Er gehört zum Zirkus.
Er ruft sein Schweinchen Wutzi.

Doch Wutzi hört nicht auf Robert.
In vollem Galopp
saust sie auf Luise zu.
Luise geht in die Hocke
und breitet die Arme aus.

Hopsa – Wutzi springt
in Luises Schoß.
Luise schwankt,
aber sie fällt nicht um.
Ein paar Leute klatschen.

Da kommt Robert.
Er hat einen ganz roten Kopf.
„Entschuldigung", sagt er.
„So was macht Wutzi
sonst nie!"

„Das macht doch nichts!",
sagt Luise und lacht.
„Ich finde Wutzi süß."

Robert ist erleichtert.
„Hast du Lust
ein Kunststück
mitzumachen?"

Na klar hat Luise dazu Lust.
Robert gibt ihr einen Reifen.
Wutzi springt viele Male hindurch.

Am Abend sagt Luise
zu Mama:
„Das Beste am Zirkus
war die Pause mit Wutzi!"

Pikkolino in der Schule

„Heute", sagt Herr Popp,
„haben wir einen Gast
in der Schule.
Das ist Pikkolino
vom Zirkus Pikkolo.
Pikkolino ist sein Künstlername.
Wie heißt du richtig?"

Pikkolino macht einen Handstand.
„Lars Müller!", ruft er laut.

Herr Popp sagt:
„Ja, du bist vom Zirkus,
das glaube ich gern.
Kannst du auch
rechnen und schreiben?"

„Ich kann es doch hier lernen",
sagt Pikkolino.
Die Kinder in der Klasse
stupsen sich an und lachen.
„Kannst du Feuer spucken?",
fragt Andreas.

38

„Klar! Und zaubern und reiten.
Im Moment lerne ich jonglieren."
„Und wir", sagt Herr Popp,
„wir lernen gerade
Wörter mit ‚V'."

39

„Kann ich", sagt Pikkolino.
„Dann schreib mal ‚Vater'
an die Tafel, Pikkolino!"

„Das ist ja leicht", sagt Pikkolino
und schreibt „Vater"
an die Tafel.
Alle Kinder klatschen.

„Herr Popp!", ruft Andreas.
„Dürfen wir heute
Zirkusschule machen?
Lars kann so viele Sachen,
die wir nicht können."

„Gut", sagt Herr Popp.
„Ein Kind vom Zirkus
haben wir nicht alle Tage da.
Pikkolino ist heute unser Lehrer.
Aber morgen bin ich wieder dran."
„Toll!", rufen die Kinder.

41

Pikkolino jongliert
mit fünf Radiergummis.
Die Kinder üben jonglieren,
mit Radiergummis oder Stiften.
Herr Popp übt
mit Lappen und Schwamm.

Da schrillt die Klingel.
Viel zu schnell
ist die Schule aus.
„Kommt heute alle
in den Zirkus Pikkolo!
Sie auch, Herr Popp!"

KÄNGURU Lesestufen-Modell

So macht Lesenlernen richtig Spaß – mit Büchern, die auf die unterschiedlichen Lernphasen zugeschnitten sind: 5 Lernschritte, 5 Buch-Reihen. »Kinder werden dann zu begeisterten Lesern, wenn Buch und Leseentwicklung zusammenpassen.«

Prof. Dr. Manfred Wespel, lesedidaktischer Berater des KÄNGURU-Programms

»Mit Comics lesen lernen«

2. Lesestufe
ab 6 Jahre
- jeweils eine kurze Geschichte für Leseanfänger
- mit frechen und witzigen Comic-Elementen
- leicht lesbare Fibelschrift

»Mit Bildern lesen lernen«

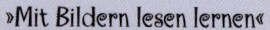

1. Lesestufe
ab 5 Jahre
- kurze lustige Geschichten mit einfachem Text
- Bilder ersetzen Namenwörter
- sehr große Fibelschrift
- fünf doppelseitige Suchbilder

Niklas Buchner · Leop
Kunterbunte Piratengeschichten

Martinas Arold · Jutta Garbert
Kunterbunte Teddygeschichten

»Kinderroman« und »Krimi-Abenteuer«

5. Lesestufe ab 10 Jahre
- jeweils ein längerer packender Roman für begeisterte »Leseprofis«
- eingestreute Schwarzweiß-Illustrationen

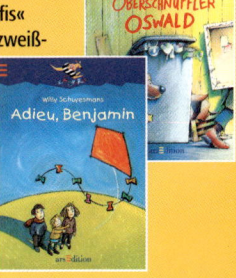

»Leseabenteuer in Farbe«

4. Lesestufe ab 8 Jahre
- jeweils eine längere spannende Geschichte
- viele farbige Illustrationen
- große Schrift

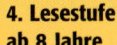

Erste Geschichten zum Selberlesen«

Lesestufe 7 Jahre
- mehrere kurze Geschichten zu einem Thema
- klare Textgliederung als Lesehilfe
- große Fibelschrift
- viele farbige Illustrationen